1.

RAPPORT

DU

PROCÈS SOLAR,

Concernant l'élève sourd et muet de l'abbé de l'Épée.

AVIS PRÉALABLE.

Tout le monde a entendu parler d'un procès célèbre dont l'abbé de l'Épée fut l'instigateur, à l'occasion d'un enfant sourd et muet qu'il prétendoit appartenir à la famille de Solar. Mais peu de personnes en ont connu l'issue, parce qu'indépendamment de ce qu'il fut jugé en dernier ressort le 24 juillet 1792, époque à laquelle on s'occupoit beaucoup plus d'idées révolutionnaires que d'affaires contentieuses, les affiches du jugement se trouvèrent enlevées l'instant d'après leur apposition. Ce jugement, rendu sur mon rapport, et qui avoit réformé une sentence du Châtelet de Paris, par laquelle l'enfant sourd et muet dont il s'agit avoit été déclaré appartenir à la famille Solar, étoit tombé depuis près de huit ans dans l'oubli, et sembloit destiné à n'en sortir jamais. Cependant tout à coup cette affaire se réveille et devient le sujet de toutes les conversations. J'ai entendu d'abord, sans y faire une grande attention, des personnes peu instruites des circonstances de l'affaire s'exprimer avec peu de ménagement sur le jugement réformateur de la sentence du Châtelet. Mais bientôt des préventions s'étant élevées et généralement répandues contre la

A 2

délicatesse et l'impartialité des juges qui y avoient concouru, j'ai pensé que la seule manière digne de moi d'y répondre, étoit de faire connoître le rapport qui l'avoit précédé; et comme ce motif est le seul qui me détermine à le livrer à l'impression, je déclare que je n'ai directement ni indirectement aucune part dans le produit de la vente de ce travail.

RAPPORT

DU

PROCÈS SOLAR,

Fait le 5 juin 1792 et jours suivans, à l'audience publique du second tribunal criminel, établi par la loi du 14 mars 1791, et séant à Paris au Palais de justice,

Par JEAN-FRANÇOIS EUDE,

Juge au même tribunal,

Sur l'appel de la sentence définitive rendue au Châtelet de Paris le 8 juin 1781.

MESSIEURS,

Le procès dont j'entreprends le rapport présente une grande question d'état, et est du nombre de ceux qui doivent occuper une place remarquable dans les annales des tribunaux.

Célèbre en son objet, et par les circonstances secon-

A 3

daires qui s'y rencontrent, il a reçu un nouvel éclat de l'agent qui en a fait mouvoir tous les ressorts.

Je parle en ce moment d'un être qui s'est rendu recommandable par l'invention d'un art, a quelques égards suppletoire à la privation de deux de nos organes les plus précieux, l'ouïe et la parole. A ces traits, Messieurs, vous devez reconnoître l'abbé de l'Epée.

Un jour, un enfant de 12 à 13 ans, qui, au malheur de ne pouvoir entendre ni être entendu, réunissoit celui d'être privé de la connoissance de ses parens, se trouve en sa présence. Il l'accueille, lui prodigue ses soins, croit, après plusieurs recherches sur son origine, avoir découvert qu'il la tire d'une famille autrefois connue sous le nom des comtes *de Solar*; il emploie tous les moyens de le faire reconnoître légalement sous ce nom, et le met dans la position d'intervenir dans le procès pour le réclamer lui-même.

Il fut un temps où le nom de *Solar* eût suffi pour aspirer à des faveurs que le hasard de la naissance procuroit. Ce temps n'est plus : le progrès de la raison humaine a fait justice de ces préjugés, qui, par cela seul qu'ils ne profitoient aux uns qu'au détriment des autres, étoient contraires aux droits communs à tous.

Le réclamant n'a donc plus cet intérêt à invoquer : il n'a pas davantage à envisager la possession d'un riche patrimoine ; mais un sentiment dominant lui reste à soutenir.

Sans doute le premier vœu, comme le premier besoin de la nature, est de connoître ceux auxquels elle nous a unis par les liens du sang. Si nous n'avons pas de biens matériels à en attendre, nous avons à en espérer des jouissances morales, qui, aux yeux de l'homme sensible, l'emportent sur des priviléges émanés de faux principes, et sur les dons capricieux de la fortune.

Ce sentiment est devenu le seul type de l'intérêt actuel de celui qui réclame le nom de *Solar*, et il n'en paroît que sous un aspect plus touchant.

Mais, quelque favorable qu'il puisse être, tout moyen de considération qui n'est pas puisé dans le propre domaine de l'inflexible justice, doit disparoître devant ses organes.

Porter un regard attentif sur les actes de la procédure, en recueillir les faits, en méditer les preuves : voilà l'objet qu'il est de mon ministère, comme rapporteur, de vous donner la facilité de remplir.

Je crois donc devoir entrer dans l'exposition des faits dont les époques et la réalité sont indubitables, et l'indication de ceux dont l'existence est contestée, conséquemment à approfondir ; je présenterai ensuite l'analyse succincte de la procédure, et j'y joindrai les observations strictement nécessaires pour indiquer les points sur lesquels l'attention doit principalement se fixer. Cette division formera la première partie de mon rapport ; la seconde sera composée de la discussion des preuves que je ne traiterai qu'après la lecture publique des pièces du procès.

PREMIÈRE PARTIE.

FAITS ET PROCÉDURES.

§. Ier.

Faits concernant la famille Solar.

Le 10 septembre 1760, Vincent-Joseph de la Fontaine-Solar épousa Jeanne-Pauline-Antoinette Clignet, à Clermont en Beauvoisis.

De ce mariage sont sortis deux enfans :

Guillaume-Jean-Joseph, sourd et muet, né à Clermont le premier novembre 1762,

Et Caroline, née en la même ville le 25 novembre 1764.

Guillaume et Caroline ont passé les premières années de leur enfance à Clermont avec leurs parens.

Guillaume, entre autres, y est resté jusqu'à l'âge d'environ cinq ans ; il en partit alors pour se rendre à Paris, où il fut mis en pension chez la veuve Alain, île Notre-Dame : il est resté dans cette pension l'espace d'environ trois ans.

Vers l'année 1771, les sieur et dame Solar quittèrent Clermont pour aller résider à Alby : d'abord ils y passèrent trois mois chez l'abbé Enjalbert ; ils prirent ensuite un apppartement à loyer chez le sieur Peysson ; de là ils allèrent habiter la maison de campagne des sieur et dame Granier-Duperron leurs amis, dans un lieu nommé la Granerie près Alby, paroisse du Peyssonnet.

Guillaume, retiré de sa pension, et Caroline, sa sœur, ont également habité Alby et le séjour de la Granerie.

La dame Solar y laissa son mari et ses enfans, et se retira à Paris, soit pour affaires personnelles ou pour toute autre cause.

Le sieur Solar est mort à la Granerie le 7 janvier 1792. Ses deux enfans recueillirent son dernier soupir. La dame son épouse, qui, à cette époque, étoit absente depuis assez long-temps, n'est revenue à la Granerie reprendre ses enfans que six mois après le décès de son mari.

Alors elle alla s'établir à Toulouse avec Guillaume et Caroline; et après avoir habité dans différentes maisons, elle loua un appartement chez le sieur de Morthon, ancien juge-mage de Toulouse, où elle se fixa.

Le 2 décembre 1792, Guillaume entra à l'école d'un nommé Cadours, qu'on verra dans la suite impliqué dans ce procès.

En l'année 1773, la dame Solar, qui avoit plusieurs intérêts à démêler relativement à la succession, quoique très-modique, de son mari, les confia au sieur Belin, qui étoit procureur en la sénéchaussée de Toulouse. Ce fut la source de la connoissance qu'elle fit avec le sieur Cazaux, auquel on a fait jouer un rôle très-grave dans ce procès.

Le sieur Cazaux est fils d'un cultivateur de Charlas près Bagnères. Son père l'avoit placé chez le sieur Belin, procureur, pour y apprendre la pratique, en même temps qu'il suivroit les écoles de droit. La dame Solar eut occasion de le charger de quelques écrits ou mémoires qui établirent entre eux des rapports assez fréquens, et elle profita de cette liaison pour l'engager à conduire Guillaume aux eaux de Bagnères: du moins ce fut le motif que donnèrent ouvertement la dame

Solar et le sieur Cazaux du départ de Guillaume avec
lui ; et cela n'offre rien que de naturel.

Les parens du sieur Cazaux demeuroient à peu de
distance de Bagnères. La mère de celui-ci avoit coutume d'y aller tous les ans prendre les eaux. Le temps
étoit venu où le sieur Cazaux devoit aller en vacances
chez ses parens. On avoit conseillé à la dame Solar d'en-
voyer son fils à Bagnères, dans l'espoir que les eaux le
soulageroient de ses infirmités. L'occasion qui se pré-
sentoit étoit favorable, et elle pouvoit en profiter.

Tout étant disposé pour ce voyage, Guillaume dut
être conduit par la femme-de-chambre de la dame Solar
à l'auberge connue à Toulouse sous l'enseigne de l'*E-
charpe*, pour partir à cheval avec le sieur Cazaux, qui
s'en alloit de compagnie avec l'abbé Cazaux, son cousin,
et un domestique du sieur Cazaux père, qui avoit amené
les chevaux à cette auberge.

Ce départ remonte à l'été de l'année 1773.

Je ne me permettrai pas d'en déterminer en ce moment l'époque précise ; elle est d'une trop grande importance au procès pour que je ne laisse pas à chacun
de vous, Messieurs, le soin de la recueillir avec moi
dans l'instruction même.

C'est là aussi qu'il importe de s'éclairer sur le sort
ultérieur de Guillaume, que le sieur Cazaux a annoncé
être mort dans le cours de ce voyage. Je ne pénétrerai
donc pas plus avant dans les faits qui le concernent, et
je réserverai tous autres développemens, pour le moment où il s'agira de discuter les preuves.

Il ne me reste, en ce paragraphe, qu'à faire connoître
l'époque du décès de la dame Solar.

Il est du mois de septembre 1775.

Je passe maintenant à ce qui regarde l'individu qui
réclame, au procès, l'état de fils des sieur et dame Solar.

§. II.

Faits particuliers à JOSEPH, nom donné par l'abbé de l'Épée à l'individu réclamant.

Joseph, également sourd et muet, fut trouvé, dans l'été de l'année 1773, au village de Cuvilly en Picardie, sur la grande route de Péronne à Paris.

C'est encore à l'instruction à en faire connoître l'époque plus précise.

Seul, presque nu, n'étant couvert que d'une mauvaise chemise en forme de roulière, pressé par la faim, dévoré par la soif : tel étoit l'état dans lequel se trouvoit ce malheureux enfant lorsqu'il fut recueilli par le sieur le Roux, receveur des aides à Cuvilly, et par la dame son épouse.

Ils lui donnèrent les plus prompts secours, le gardèrent chez eux le temps nécessaire pour lui trouver un asyle sûr; et par leurs soins, appuyés du crédit de la dame Hérault-Séchelles, qui étoit dame de Cuvilly, il fut conduit à Paris, et placé à Bicêtre par ordre du sieur Sartine le 2 septembre 1773.

Il en est sorti pour être transféré à l'Hôtel-Dieu de la même ville, le 23 juin 1775, et il a vécu ignoré, dans ces deux maisons, jusqu'en janvier 1776.

Ce fut à cette dernière époque que l'abbé de l'Épée prit connoissance de Joseph. L'infortune de cet enfant étoit un titre suffisant pour l'intéresser et le déterminer à lui administrer les secours de son art. En conséquence, il le retira de l'Hôtel-Dieu le 17 mars 1776, le mit en pension chez un sieur Chévrot, et ne négligea rien pour créer en lui une seconde nature, qui le dédommageât de sa surdité et de son muétisme.

Joseph, docile aux leçons de son instituteur, lui inspiroit chaque jour un nouvel intérêt. L'abbé de l'Epée avoit remarqué ou crut remarquer dans cet enfant un ton d'honnêteté et de distinction qui lui avoient fait présumer qu'il appartenoit à une famille d'un rang élevé. Il ne se borna donc pas à prendre soin de son éducation : desirant encore faire cesser son état d'orphelin, il employa des personnes de la plus grande autorité pour parvenir à la découverte de ses parens.

Bientôt des ordres du gouvernement furent donnés dans les provinces aux intendans, et par ceux-ci aux prévôts et exempts de maréchaussée, pour s'informer si on n'auroit pas connu dans quelques familles un enfant sourd et muet qui auroit disparu en 1773.

Une lettre de l'exempt de maréchaussée d'Amiens annonça que, d'après les éclaircissemens pris en Picardie, l'enfant trouvé à Cuvilly étoit des Pays - Bas autrichiens.

Mais d'autres avis vinrent contrecarrer celui-ci.

L'abbé de l'Epée fut instruit qu'on avoit connu à Toulouse une dame Solar, à laquelle avoit appartenu un enfant sourd et muet, parti en l'année 1773 avec le sieur Cazaux sous prétexte de conduire cet enfant aux eaux de Bagnères ; que le bruit s'étoit répandu qu'il étoit mort à Charlas dans le cours de ce voyage ; mais qu'il étoit possible qu'on eût semé ce bruit pour servir de coupables desseins. Il apprit encore que cet enfant avoit passé ses premières années à Clermont, lieu de sa naissance, et qu'il étoit venu ensuite à Paris où il avoit habité quelque temps.

Adoptant avec chaleur des avis qui répondoient bien mieux que ceux venus de Picardie à la haute idée qu'il s'étoit formée de son élève, l'abbé de l'Epée s'empressa de présenter Joseph, tant à Paris qu'à Clermont, à toutes les personnes qui avoient pu connoître Guillaume, fils des sieur et dame Solar, dans son enfance.

Outre les rapports de l'âge, du muétisme des deux individus, de l'année et de la saison dans lesquels l'un avoit disparu, et l'autre avoit été trouvé, il est à observer que Guillaume avoit eu au moins une sur-dent, qui avoit été remarquée de tous ceux qui l'avoient connu, et il fut vérifié que le chirurgien de l'Hôtel-Dieu en avoit arraché une à Joseph. Guillaume avoit d'ailleurs une marque, en forme de lentille, à la fesse gauche, et on trouva sur la peau de Joseph plusieurs signes lenticulaires, dont un à la même place que celui de Guillaume.

Ces identités ne durent pas peu contribuer à prévenir les esprits. Quoi qu'il en soit, à Paris les maîtres de pension de Guillaume, et ceux qui l'y avoient connu, le reconnurent positivement dans la personne de Joseph. De semblables reconnoissances furent faites à Clermont par des parens maternels de Guillaume et nombre de personnes qui l'y avoient vu naître et élever.

Quelques-uns trouvoient des traits de ressemblance plus ou moins frappans, selon qu'ils avoient l'image du sieur Solar et de son fils plus ou moins présente à leur esprit.

Mais tous, ou presque tous, croyoient le reconnoître, et affirmoient que Joseph étoit véritablement le fils des sieur et dame Solar. On parvint même à persuader quelques instans à la jeune Caroline que Joseph étoit son frère, et les journaux publièrent dans toute la France la résurrection de Guillaume.

Telle est, Messieurs, l'origine du fameux procès dont la décision vous est soumise. Venons à la procédure.

§. III.

Procédure.

Le 25 novembre 1777, le procureur du roi au châtelet de Paris, sur les renseignemens recueillis par l'abbé de l'Epée, rendit plainte contre les auteurs et complices de l'exposition de l'enfant sourd et muet trouvé au village de Cuvilly, et de la suppression de son état.

Elle fut souscrite d'une ordonnance par laquelle le juge ordonna que Joseph seroit préalablement entendu par l'organe d'un interprète. Ce fut une jeune fille également sourde et muette qui servit de trucheman, sous la direction de l'abbé de l'Epée. Le procureur du roi réitéra ensuite sa plainte, qui fut répondue d'un permis d'informer. C'est sur cette base qu'a été établie l'immense procédure que nous avons à parcourir.

Un nombre considérable de procès-verbaux de toute espèce ont été dressés. Plus de cinquante informations ont été faites, tant à Paris qu'à Clermont, Alby, Toulouse, Bagnères, Cuvilly, et autres pays.

Il a même été fait des actes d'instruction jusque dans le pays de Liége, relativement à la disparition d'un enfant portant le nom de Pierre-Hyacinthe-Joseph, fils d'un nommé Pinchon de la Motte, ouvrier, des environs de Liége ou de Namur.

On a prétendu que cet enfant, sinon totalement sourd, du moins muet de naissance, avoit quitté la maison paternelle en l'année 1773; qu'il avoit été amené en France par un frère, nommé Alexandre; que ce frère l'avoit égaré et abandonné dans la même contrée, à une époque peu antérieure au temps où Joseph avoit été trouvé : et cette partie de la procédure mérite aussi une attention particulière.

Enfin, huit personnes se trouvent compliquées dans le procès.

Le premier et principal accusé est Jean-François-Hippolyte Cazaux, étudiant en droit en l'université de Toulouse, prévenu de l'exposition et suppression d'état de l'enfant que la dame Solar lui avoit confié pour lé conduire aux eaux de Bagnères; il a été décrété de prise-de-corps le 5 février 1778, arrêté à Toulouse, amené à Paris, et constitué prisonnier aux prisons du Châtelet. Il y est resté plus d'un an; et après ce temps il a obtenu son élargissement provisoire, à la charge de se représenter toutefois et quantes, toujours en état de prise-de-corps.

Un quidam, nommé Alexandre, a été également décrété de prise-de-corps : c'est celui prévenu d'avoir égaré un enfant, qu'il disoit être son frère, du pays de Liége ou de Namur, et que plusieurs indices sembloient annoncer être l'enfant sourd et muet trouvé au village de Cuvilly. Cet accusé est absent et contumax.

Les autres accusés sont :

Jean-Baptiste-François Durban, curé de Charlas, prévenu de contravention dans la rédaction de l'acte mortuaire de l'enfant décédé chez le sieur Cazaux père, et inhumé sous le nom de *Solar*;

Jean-Marc Cadours, maître d'école à Toulouse, prévenu de suggestions envers quelques témoins;

Guillaume Cazaux père, et Dominique Terrade, tous deux cultivateurs à Charlas, prévenus d'intelligences avec les auteurs de la prétendue supposition de la mort de Guillaume, fils Solar;

Madelene Lama, marchande revendeuse à Toulouse, prévenue d'avoir tenu des propos suspects dans le cours du procès;

Enfin Caroline Solar, prévenue de variations dans les déclarations par elle passées sur l'existence de son frère.

Ces six accusés ont été décrétés d'assigné pour être ouïs.

La procédure a été instruite par contumace contre

le quidam nommé Alexandre, et contradictoirement avec les autres accusés.

Joseph, à la fin de l'instruction, est intervenu lui-même pour réclamer son état, sous l'autorité d'un sieur Bonvallet, nommé tuteur *ad hoc*. Le 28 juin 1781, le châtelet a rendu la sentence définitive. Depuis ce temps, deux des accusés, le sieur Cadours et Madelène Lama, sont morts. Le sieur Cazaux fils, Caroline Solar, le sieur Duban, sont appelans; et Cadours, peu de temps avant de mourir, avoit également interjeté appel.

Vous avez, Messieurs, à prononcer sur le bien ou mal jugé de la sentence; elle vous fera connoître les différentes questions que vous avez à décider. Je commencerai donc par vous en donner lecture.

(Ici a été fait lecture de la sentence du châtelet, qui, entr'autres dispositions, prononce que Joseph est fils des sieur et dame Solar, et néanmoins décharge le sieur Cazaux fils de toute accusation.)

§. I V.

Observations.

Les deux dispositions de la sentence du châtelet, celle par laquelle Joseph est déclaré fils des sieur et dame Solar, et celle qui décharge le sieur Cazaux de toute accusation, sont les plus importantes et exigent quelqu'explication.

Le sieur Cazaux, avant, lors et depuis le procès, a toujours soutenu être parti de Toulouse, au commencement de septembre 1773, avec Guillaume, fils des sieur et dame Solar, de l'auberge de l'*Echarpe*, où on le lui avoit amené; l'avoir conduit chez ses parens à Charlas, de-là à Bagnères pour y prendre les eaux, et ramené à Charlas, où il ne l'a pas perdu de vue jusqu'au moment de sa mort , arrivée le 28 janvier 1774.

Or , si l'enfant trouvé au village de Cuvilly avant le mois de septembre 1773 est Guillaume, fils des sieur et dame Solar, il paroît manifeste que , pour réussir dans la suppression de son état, le sieur Cazaux en a imposé , et sur l'époque de son départ de Toulouse avec Guillaume, et sur le voyage de Charlas et de Bagnères, et sur l'événement de la mort de cet enfant, qu'il fixe au 28 janvier 1774 ; et, par une conséquence qui semble nécessaire , la condamnation du sieur Cazaux étoit inévitable , soit comme auteur , soit comme complice de la suppression d'état, dont il est accusé.

La première question à résoudre est donc de savoir si Joseph est véritablement le fils des sieur et dame Solar.

Vous aurez ensuite, Messieurs, à examiner s'il y a quelques moyens de concilier les deux dispositions de la sentence que j'ai précitées , et qui , au premier apperçu, paroissent si contradictoires.

J'en connois deux , que je vais indiquer ; je ne crois pas qu'il soit possible d'en appercevoir d'autres.

Le premier de ces moyens seroit qu'avant que le sieur Cazaux connût à Toulouse le fils des sieur et dame Solar, ceux-ci lui eussent substitué un autre enfant dont se seroit chargé le sieur Cazaux, dans la confiance qu'il étoit le véritable Solar.

Le second seroit que les sieur et dame Solar eussent eu deux fils sourds et muets , dont l'un seroit Joseph, reconnu par la sentence dont est appel ; et l'autre auroit été celui que le sieur Cazaux soutient avoir vu mourir le 28 janvier 1774 à Charlas , où il l'avoit amené de Toulouse.

Quant aux questions qui concernent les autres accusés, elles se font assez connoître aux titres d'accu-

Rapport du procès Solar. B

sation que j'ai ci-devant énoncés ; elles ne sont suscep-
tibles ici d'aucun développement.

Pour éviter toute confusion dans la lecture des pièces
du procès, où se trouvent des preuves composées de
divers élémens, j'ai cru devoir classer les actes qui les
contiennent, suivant l'analogie qu'ils peuvent avoir ensemble.

Ainsi, après les plaintes, je lirai les procès-verbaux
concernant les reconnoissances locales faites par Joseph,
lorsqu'on l'a conduit à Cuvilly et dans les lieux habités par les sieur et dame Solar et leurs enfans ; ensuite ceux des médecins et chirurgiens sur l'identité de
Joseph avec Guillaume, et ceux d'identité du même
Guillaume avec le squelette de l'enfant exhumé à
Charlas, en 1779, de la place du cimetière où le sieur
Cazaux avoit annoncé que Guillaume avoit été enterré
le 28 janvier 1774, et je ferai la lecture des autres
actes, en continuant de suivre l'ordre invariable de
leurs rapports entre eux.

(*Ici a été faite la lecture de tous les actes et pièces
du procès.*)

SECONDE PARTIE.

Vous avez entendu, Messieurs, la lecture publique des pièces du procès. Le moment est venu où je dois vous soumettre mes réflexions sur les grands intérêts qu'il comporte. Je vais rassembler les preuves éparses dans le dédale de procédures qui vous a été mis sous les yeux, pour les faire passer par le creuset d'une discussion approfondie. Heureux si, par mon travail, je parviens à vous présenter les véritables motifs de décision dans cette importante affaire!

Mais, avant d'entrer dans l'examen du fond, je dois m'expliquer sur l'appel interjeté par le sieur Cazaux.

Par la sentence du Châtelet, le sieur Cazaux a été acquitté de l'accusation contre lui dirigée : radiation d'écrou, faculté de faire imprimer et afficher le jugement, réserve de poursuivre ses dénonciateurs; tout lui a été accordé. Il a donc obtenu la décharge la plus complète et la plus honorable qu'il pût espérer; et cependant il est appelant!

Mais pour se pourvoir contre un jugement, comme pour intenter une action, il faut avoir un intérêt quelconque.

Il fonde le sien sur ce qu'on a déclaré Joseph fils des sieur et dame Solar, et il dit qu'au moyen qu'il a annoncé par-tout sa mort, arrivée chez lui à Charlas, et qu'il a affirmé le fait en justice, cette disposition de la sentence élève des nuages sur la sincérité de son assertion, et fait tort à son honneur.

Ces raisons, quoique appuyées de l'avis de juris-consultes dont j'honore le mérite, me paroissent peu solides; car il me semble que la décharge d'accusation

qu'a obtenue le sieur Cazaux les fait absolument disparoître, et met son honneur à l'abri de toute atteinte.

D'ailleurs le sieur Cazaux a pu croire que les sieur
et dame Solar n'avoient jamais eu d'autre fils que
Guillaume.

Cependant, si les juges ont pensé le contraire, ou
s'ils ont estimé, à tort ou avec raison, que l'enfant
présenté à Toulouse par la dame Solar, sous le nom
de son fils, fût un enfant substitué à l'insçu du sieur
Cazaux, et avant qu'il connût le fils de cette dame,
que lui importe? C'est la demoiselle Solar que cela
intéresse : c'est à elle seule qu'il appartient de s'opposer
à l'intrusion, dans sa famille, d'un étranger qui pré-
tendroit bientôt en partager les droits. Cela ne touche
en rien le sieur Cazaux : donc il est sans intérêt comme
sans qualité dans son appel ; donc il y est absolument
non recevable.

Le sieur Cazaux, il est vrai, depuis son appel, y
a ajouté un autre motif, qu'il fait résulter de ce qu'on
n'a pas fait droit sur ses reproches contre quelques
témoins.

Il se trompe ; on y a fait droit, puisqu'on les a
rejetés, et c'est sans doute ce dont il veut se plaindre.

Mais c'est encore en vain : car pourquoi a-t-il fourni
des reproches ? pour écarter des témoins qui lui étoient
suspects, et dont les dépositions pouvoient paroître nui-
sibles à ses intérêts. Cependant, s'il a obtenu sa décharge en laissant subsister le témoignage des personnes
même qui pouvoient lui être le plus contraires, cer-
tainement son triomphe n'en est que plus éclatant, et
sa justification plus complète. C'est précisément ce qui
est arrivé, et ne peut par conséquent légitimer son
appel, qui, sous tous les points de vue, me paroît
devoir être écarté.

Cela ne me dispense pas de discuter les reproches,

parce qu'ils peuvent être utiles aux autres accusés, entre lesquels tous moyens de droit sont communs ; et cette discussion ne sera pas longue.

Vous avez, Messieurs, remarqué comme moi que les reproches proposés contre la femme Lama, le sieur Ducasse, la veuve Davis, la dame Combette et ses deux enfans, ne reposent que sur des faits vagues et insignifians ; ainsi ils sont à rejeter.

Il ne me semble pas devoir en être de même du reproche administré contre l'individu nommé *Joseph*. Deux moyens de droit s'élèvent pour le justifier.

1°. Parce que Joseph étant sourd et muet, et ne pouvant déposer par lui-même de faits contenus dans des actes dont il n'avoit pas davantage la faculté personnelle d'entendre la lecture, son témoignage n'étoit pas admissible en justice. C'est le cas de l'application de la règle : *Surdus non solùm absenti sed mortuo æquiparatur.*

2°. Parce que, quoique lors de sa déposision il ne fût pas ostensiblement partie au procès, il y avoit néanmoins l'intérêt le plus sensible ; intérêt qu'il a ouvertement manifesté depuis, en se faisant recevoir partie intervenante.

Je pense donc que le reproche contre lui proposé doit être admis ; et ne se trouvant pas d'autres témoins reprochés, j'entre dans la discussion au fond.

§. Ier.

QUESTION PRINCIPALE.

Joseph est-il Guillaume-Jean-Joseph, fils sourd et muet des sieur et dame Solar?

Je passerai rapidement sur tous les actes de la procédure qui n'offrent que de l'incertitude, et dont la

B 3

multiplicité, loin d'éclairer la question, ne sert qu'à l'obscurcir.

Ainsi je ne m'arrêterai point ici au registre de la paroisse de Charlas, qui contient l'acte mortuaire d'un enfant qui y est dénommé le *comte de Solar*, non-seulement parce que cet acte n'est point conforme au double déposé en la sénéchaussée de Toulouse, mais encore parce qu'il n'est point signé de témoins, et ne peut par conséquent faire foi en justice. Je le réserverai seulement pour servir de mémoire au procès.

Je mettrai à l'écart les procès-verbaux des médecins et chirurgiens sur la nature du squelette exhumé en 1779 du cimetière de Charlas, et parce que ceux de Saint-Gaudens sont en contradiction avec ceux de Paris sur l'identité de ce squelette avec le fils Solar, et parce que tous annoncent qu'il a été trouvé dans un tel état de pourriture et de destruction, qu'il est impossible d'en conclure rien de certain.

J'écarterai également les différens actes et procès-verbaux d'indications et reconnoissances faites par Joseph dans les divers lieux où on l'a conduit, soit relativement aux personnes, soit relativement aux objets matériels dont il a parlé.

Plusieurs motifs m'y déterminent encore.

D'abord on s'est servi de l'organe d'un sourd et muet pour faire des demandes et interpellations à un autre sourd et muet, sous la conduite de leur instituteur, forme hasardeuse qui n'est autorisée par aucune loi.

En second lieu, en supposant que cette méthode ait quelque utilité, ce ne peut être que dans la vie privée, où la conversation factice des sourds et muets est nécessairement resserrée dans un cercle étroit : mais elle ne peut convenir en justice sur des questions variées et imprévues, que des sourds et muets ne comprennent point, et sur lesquelles ils manquent souvent de signes de communication pour s'entendre entre eux , et transmettre leurs réponses.

En troisième lieu , si on remarque dans ces actes des indications justes , des reconnoissances exactes , on en trouve encore un plus grand nombre d'invraisemblables , de fautives et de contradictoires.

D'où il suit que , dans ce concours d'indications et re- connoissances divergentes quant à la justesse , rien ne nous assure que les unes ne sont pas le fruit du hasard ou de la suggestion, de même que , sous un rapport diffé- rent , on pourroit ne voir dans les autres que le produit de l'ignorance ou de l'erreur ; et peut-être même , avec plus de fondement , ne devroit-on appercevoir dans leur ensemble que l'effet de l'insuffisance et de l'imperfection de la méthode , qui , par conséquent sous tous les rap- ports , ne peut servir de base à un jugement.

Examinons maintenant les autres preuves, et commen- çons par les identités qui se rencontrent entre Guillaume et Joseph.

Guillaume , parti de Toulouse dans l'été de l'année 1775 , étoit alors âgé de dix à onze ans ; Joseph , trouvé au village de Cuvilly dans l'été de la même année , avoit à peu près le même âge.

Guillaume étoit sourd et muet ; Joseph est également sourd et muet.

Guillaume avoit des dents hors de la ligne naturelle , et que les gens de l'art appellent *surdent ;* Joseph avoit aussi une surdent, qui lui a été arrachée dans le temps qu'il étoit à l'Hôtel-Dieu.

Guillaume avoit une marque en forme de lentille à la fesse gauche ; Joseph a sur la peau plusieurs signes lenti- culaires, dont un à la même place que celui de Guillaume.

Vous avez dû remarquer, Messieurs, que ces identités n'ont pas toutes le même degré de perfection ; car plusieurs témoins attribuent deux surdents à Guillaume, et il n'y en a qu'une de constatée en Joseph. Celui-ci d'ailleurs a constamment plusieurs signes lenticulaires sur la peau, et il n'en a été remarqué qu'un seul à Guillaume.

Au surplus il existe quelques autres rapports, quoique moins sensibles entre ces deux individus, suivant le dire de quelques témoins qui sont plus ou moins combattus par d'autres.

Mais ces rapports, ces identités donnent ils la preuve du fait que nous avons à approfondir ? non, parce qu'il est possible que ces identités, ces rapports, même en les supposant parfaits, se rencontrent dans deux êtres différens, sur-tout vu qu'ils sont d'une cathégorie commune à beaucoup de personnes. Tout ce qu'on peut en faire, c'est de les ranger dans la classe des présomptions qui militent en faveur de Joseph.

On peut encore, à son avantage, tirer induction des déclarations passées par Caroline Solar dans l'origine du procès, et de la lettre par elle écrite, dans son adolescence, à la dame Chévrot, à laquelle, en parlant de lui, elle recommandoit de dire mille choses à son petit frère.

A cela cependant la demoiselle Solar a répondu, dans ses interrogatoires, que, dans ce temps-là, elle le croyoit son frère, parce que tout le monde le lui disoit, comme elle le croiroit encore si on le lui disoit de même : et cette réponse porte un caractère de naïveté assez sensible dans une jeune personne de son âge.

Un fait plus important, c'est celui rapporté par deux femmes qui ont vu la dame Solar à son lit de mort.

Elles déclarent que cette dame fit venir sa fille, et lui dit, arrière de Madelene Lama qu'elle fit éloigner :

« Tu as un frère, oui, tu as un frère », et lui fit une morale, en lui recommandant d'en prendre soin.

L'une de ces femmes ajoute même qu'elle dit encore à sa fille que ce frère étoit perdu.

A la confrontation, Madelene Lama a soutenu ces deux dépositions fausses, en ce que la dame Solar ne la fit point écarter ; qu'au contraire elle assista à la morale qu'elle fit à sa fille, à laquelle elle ne parla pas de son frère.

Caroline Solar soutient également que sa mère ne lui a point tenu le discours dont ces deux femmes déposent.

Madelene Lama et la demoiselle Solar sont accusées au procès ; et quoique leurs accusations, ainsi qu'il sera établi dans la suite, soient sans objet, l'assertion des deux témoins paroît jusqu'ici devoir l'emporter sur les dénégations dont je viens de parler.

Mais pour bien apprécier cette assertion, considérons-la en elle-même.

Le fait dont on paroît vouloir tirer la conséquence la plus notable, seroit que la dame Solar eût réellement dit à sa fille que le frère qu'elle lui recommandoit étoit perdu. Or un seul témoin dépose de ce fait, qui par conséquent n'est pas prouvé.

Les deux témoins ne s'accordent qu'en ce que la dame Solar auroit dit à sa fille : « Tu as un frère, oui, tu as un frère », et lui auroit recommandé d'en prendre soin.

Un tel discours, tenu par la dame Solar à l'article de la mort, présente incontestablement l'idée d'un aveu qui jusqu'à ce moment ne lui auroit pas encore échappé. Il suppose donc une révélation qui devoit être accompagnée de l'indication du lieu où étoit ce frère, ou du moins de quelques renseignemens capables d'en procurer la découverte : car, sans cela, comment la demoiselle

Solar auroit-elle pu lui donner les soins recommandés ? Cependant les deux témoins qui paroissent avoir été si attentifs à la conversation de la mère avec la fille, ne disent rien de cette circonstance essentielle, et même indispensable pour rendre leur récit vraisemblable. Alors il doit être permis de douter de son exactitude, et de ne pas le mettre au rang des indices d'une très-grande force.

Mais disons plus, le propos attribué à la dame Solar seroit vrai dans toute son étendue, qu'au moyen des faits contenus aux informations sur son propre compte, il ne seroit pas possible d'en tirer un argument décisif en faveur de Joseph. Je n'ai pas besoin de relever ici ces faits, parce que vous n'aurez pas manqué, Messieurs, de les saisir à la lecture des pièces, et que depuis ils n'ont pas dû vous échapper.

Passons à un autre genre de preuves que vont nous offrir les personnes qui ont connu Guillaume dans les différens endroits qu'il a habités.

Soixante-dix huit témoins, sans reconnoître affirmativement Joseph, lui trouvent des traits de ressemblance, soit avec Guillaume fils Solar, soit avec le père, ou croient le reconnoître sans cependant pouvoir l'assurer.

Cinquante témoins, parmi lesquels se trouvent des parens maternels, la nourrice même de Guillaume et son mari, reconnoissent affirmativement Joseph pour être le fils Solar.

Ces témoins, séparément considérés, n'avoient pas vu Guillaume depuis sept, huit, et dix ans au moins, et l'on sait combien dans un pareil espace il survient de changemens dans la forme, la taille et les traits d'un enfant. N'importe, tous s'accordent à le reconnoître, et d'après une réunion de témoignages aussi imposante, la victoire doit paroître définitivement acquise à Joseph.

Ne vous y trompez pas, Messieurs, votre devoir est de suspendre encore votre jugement.

En effet, d'un autre côté, soixante-douze témoins ne reconnoissent dans la personne de Joseph rien du fils Solar, qu'ils déclarent avoir parfaitement connu, ou affirment que Joseph n'est pas lui.

Et il est à remarquer que la plupart des témoins qui reconnoissent Guillaume en Joseph, sont ceux qui ne l'ont connu que dans son enfance à Clermont et Paris, tandis que le plus grand nombre de ceux qui attestent que Joseph n'est pas Guillaume sont ceux qui ont connu Guillaume à Alby et Toulouse, dans un âge beaucoup plus avancé, qui par cette raison devoient avoir ses traits plus présens à la mémoire, et qui par conséquent étoient bien moins exposés à sacrifier à l'erreur.

Au surplus, en appréciant les trois classes de témoins ci-dessus décrites, ne pourroit-on pas dire à Joseph :

« Vous ne pouvez invoquer les dépositions des soixante-dix-huit témoins de la première classe, parce qu'ils parlent sans donner de résultat certain.

» Si les cinquante témoins de la seconde classe ont déposé affirmativement, qui garantira qu'ils n'ont pas été trompés par les traits de ressemblance que vous pouvez avoir, et dont les soixante-dix-huit témoins ont parlé?

» Et ce qui rend très-vraisemblable leur erreur, c'est que, malgré ces prétendus traits de ressemblance, les soixante-douze témoins de la troisième classe, qui avoient connu Guillaume à une époque beaucoup plus récente, celle même qui avoit immédiatement précédé son départ de Toulouse, ne vous reconnoissent nullement, ou affirment que vous n'êtes pas lui. »

On ne peut cependant se dissimuler que les dépositions des témoins qui parlent en faveur de Joseph, reçoivent une grande force des identités et autres présomptions qu'il a droit de faire valoir ; et j'avoue que si nous n'avions que de pareilles données, nous pourrions être très-embarrassés sur la détermination à prendre.

Mais bientôt des raisons de décider vont écarter nos raisons de douter.

Les sieur et dame le Roux de Cuvilly attestent que c'est le premier août 1773 qu'ils ont recueilli Joseph, vêtu de mauvais habillemens, et couvert d'une chemise de roulier. Nombre d'autres témoins rentrent dans la même époque, en disant que c'étoit à la fin de juillet ou au commencement d'août. On doit donc prendre le premier août pour l'époque certaine ; et d'ailleurs elle n'est pas et n'a jamais été contestée au procès.

Recherchons maintenant l'époque à laquelle Guillaume a quitté Toulouse.

Le sieur Cazaux prétend être parti de Toulouse, au commencement de septembre 1773, avec Guillaume fils Solar, l'abbé Cazaux et un domestique. Il a même indiqué le 4 septembre comme le jour fixe de leur départ de l'auberge de l'*Echarpe*.

Ce soutien ne s'accorde pas avec le dire de trois témoins de l'information du 20 octobre 1779, qui sont la dame Combette et ses deux enfans ; car ils font remonter la disparition de Guillaume, par apperçu, à la fin de juillet ou au commencement d'août.

Mais on va connoître à l'instant que cet apperçu est très-erroné.

Effectivement, et sans citer le registre de Cadours, qui détermine la sortie de Guillaume de son école, au 2 septembre, et que je mets à part ; sans incidenter sur la contestation de sa validité, parce que nous n'en avons pas besoin : les vingt-un, soixante-dix-sept, soixante-dix-huit, les huit et dix-huitième témoins des informations de Toulouse des 30 août et 30 septembre 1779, les premier et troisième témoins de l'information de Saint-Gaudens, du 21 septembre de la même année, et le vingt-sixième de l'information de Boulogne, du 19 avril 1780, fixent tous l'époque du départ de Guillaume au commencement de septembre 1773, la plupart avec toutes les circonstances données par le sieur Cazaux.

Ce n'est pas tout, la dame et la demoiselle Montoussin, deuxième et sixième témoins de l'information de Toulouse, du 20 octobre 1779, déposent avoir vu passer par Montoussin, qui est sur la route de Toulouse à Charlas, le sieur Cazaux avec un enfant sourd et muet. La dame Montoussin ajoute qu'elle l'arrêta pour caresser l'enfant, qu'elle reconnut être le fils de la dame Solar, et toutes deux déclarent qu'elles firent cette rencontre au commencement de septembre.

Le premier et le quatrième témoins de l'information de Saint-Gaudens, du 21 septembre 1779, disent affirmativement avoir vu dans le même temps à Charlas, le fils sourd et muet de cette dame, qu'ils avoient connu à Toulouse.

Deux autres témoins encore, le quatrième de la même information, et le quarante-unième de l'information de Toulouse, du 20 octobre 1779, déposent également l'avoir vu et reconnu à Bagnères, dans le même mois de septembre.

Voilà donc quatorze témoins qui non-seulement détruisent invinciblement les dépositions de la dame Combette et de ses deux enfans, mais encore qui donnent la preuve la plus complète que le sieur Cazaux à réellement conduit cet enfant à Charlas et à Bagnères, en septembre 1773, comme il l'avoit déclaré.

Et alors que devient le système de l'abbé de l'Epée, et quel cas faire des prétentions qu'il a inspirées à son élève, lorsqu'ils sont obligés de convenir que dès le premier août Joseph étoit dans les mains des sieurs et dame le Roux à Cuvilly en Picardie, et dès le 2 septembre dans la maison de Bicêtre à Paris ?

J'avoue qu'il ne me paroît pas facile d'en soutenir désormais l'édifice. Au contraire, si j'ouvre les informations de Boulogne, je le vois s'écrouler de plus en plus ; car j'y remarque encore vingt - six témoins de Charlas même, qui rapportent avoir vu, dans les mois de septembre, octobre et mois suivans, tant à Bagnères qu'à Charlas, avec ou chez le sieur Cazaux, un enfant sourd et muet de dix à onze ans, qu'il avoit amené de Toulouse au commencement de septembre, et qui n'y a été connu que sous le nom de *comte de Solar*.

On objecte, il est vrai, que ces témoins ne le connoissoient sous ce nom que parce que le sieur Cazaux l'avoit annoncé dans le pays de la sorte, et qu'il est possible qu'au départ de Toulouse il eût, par son propre fait, substitué à l'enfant qui lui avoit été confié, un autre enfant auquel il auroit donné le même nom.

Pour que cette objection eût quelque valeur, il faudroit donc se persuader que le sieur Cazaux, alors jeune clerc de procureur, sans fortune ni moyens par lui-même, ni par la dame Solar, auroit fait enlever au loin, de gré ou de force, un enfant de même âge, même tournure, mêmes infirmités que celui dont il étoit chargé, et qu'il l'eût fait trouver à point nommé sous sa main, pour le substituer à l'autre, qu'il auroit au même instant envoyé du côté de Cuvilly, à deux cents lieues de l'endroit où il étoit ; ce qui n'est pas facile.

Il faudroit encore admettre que le sieur Cazaux, au lieu de dérober cet enfant substitué aux regards du public, l'auroit au contraire conduit dans le lieu le plus propre à découvrir la fraude, en le menant à Bagnères, où il se trouve toujours des personnes de Toulouse dans la saison des eaux ; ce qui n'est pas très-vraisemblable.

Enfin il faudroit supposer que le sieur Cazaux ne se seroit débarrassé de l'enfant sourd et muet que la dame Solar lui avoit confié, que pour lui rendre un autre enfant également sourd et muet ; ce qui est absurde.

Mais tranchons l'objection. Vous n'avez pas perdu de vue, Messieurs, qu'indépendamment des personnes qui ont vu Guillaume à Toulouse dans le cours du mois d'août, et sans prendre en considération le registre de Cadours, qui marque la sortie de cet enfant de son école au 2 septembre, quatorze témoins irréprochables qui connoissoient parfaitement le fils de la dame Solar s'accordent à dire, les uns, qu'ils l'ont vu partir de Toulouse avec le sieur Cazaux de l'auberge de l'*Echarpe*, dans les premiers jours de septembre, pour se rendre à Charlas; les autres, qu'ils les ont rencontrés dans le même temps sur la route de Toulouse à Charlas; d'autres enfin qu'ils les ont également vus, ensemble, soit à Charlas, soit à Bagnères, dans les jours suivans. Et inférons de là avec assurance, que l'enfant sourd et muet que les vingt-six témoins de Charlas y ont vu, après que le sieur Cazaux l'eût amené de Toulouse dans les commencemens de septembre, étoit en effet, véritablement, le fils sourd et muet des sieur et dame Solar, que les mêmes témoins déclarent n'avoir connu que sous le nom de *comte de Solar*: ce qui, au moyen que tout se rapproche et se lie naturellement dans les diverses dépositions que je viens de citer, nous fournit une masse de quarante témoins pour établir cet important point de fait.

Si on veut savoir ce que cet enfant est devenu à Charlas, les mêmes témoins vont nous l'apprendre en confirmant encore ce que le sieur Cazaux en a toujours dit, dans ses défenses.

Ils déposent en effet que cet enfant est mort à Charlas, chez le sieur Cazaux père, des suites de la petite vérole.

Les uns l'ont vu dans sa maladie; les autres au moment où il venoit de rendre l'ame; plusieurs ont assisté à son enterrement, qui s'est fait à l'endroit même où on a trouvé le squelette d'un enfant, six ans après.

Ceux des habitans de Charlas qui n'en ont pas eu la connoissance par eux-mêmes, l'ont acquise par le récit des autres : en sorte que le fait de la mort du fils Solar est prouvé, et comme fait particulier, et comme fait de notoriété publique et incontestable dans le pays.

Quant à l'époque de la mort de cet enfant, les témoins ne la déterminent pas précisément ; ils la donnent comme étant arrivée dans l'hiver de 1773 à 1774; ce qui se rapporte aux déclarations des accusés : et comme les déclarations de la famille Cazaux et les registres de Charlas, qui, en ce point, sont propres à servir de mémoire au procès, la fixent au 28 janvier 1774, on doit s'en tenir à cette époque.

Et, d'un autre côté, qu'on ne dise pas que l'enfant confié au sieur Cazaux, et mort à Charlas, auroit été un enfant substitué au véritable fils des sieur et dame Solar, à l'insçu du sieur Cazaux, et avant que celui-ci eût fait sa connoissance et celle de sa mère à Toulouse.

Il est prouvé de toutes parts que l'enfant sourd et muet avec lequel le sieur Cazaux est parti de Toulouse au mois de septembre, est celui qui avoit joui publiquement dans cette ville, pendant quinze mois, de l'état et qualité de fils des sieur et dame de Solar, qui avoit joui publiquement du même état chez le sieur Duperron, à la Granerie, où il a assisté à la mort de son père ; à Alby, chez les sieurs Peisson et Enjalbert; à Paris, chez la veuve Allain, où ses parens l'avoient mis en pension ; enfin à Clermont, où on l'a vu naître le premier novembre 1762, baptiser sous les noms de *Guillaume-Jean-Joseph, fils Solar ;* noms sous lesquels il a été connu en cette ville pendant les cinq premières années de sa vie, qu'il a passées avec ses père et mère. Il ne peut donc rester le moindre doute à cet égard.

Qu'on ne se persuade pas davantage que les sieur et dame Solar auroient eu deux fils sourds et muets, dont l'un auroit été celui mort à Charlas, et l'autre seroit celui reconnu par la sentence dont est appel.

L'instruction, toute volumineuse qu'elle est, ne parle que de Guillaume, né à Clermont en 1762, et n'offre pas la moindre trace d'un second fils. Jamais, d'ailleurs, cette prétention n'a été élevée au procès.

Ainsi les deux moyens qu'on auroit pu se former pour concilier les deux chefs de la sentence, qui, d'une part, déclare Joseph fils Solar, et de l'autre décharge le sieur Cazaux de toute accusation, s'évanouissent avec le système de l'abbé de l'Épée, de faire passer le réclamant pour être Guillaume, né à Clermont en 1762.

En vain, pour soutenir ce système, les partisans de Joseph formeront ils un faisceau des identités plus ou moins exactes, des reconnoissances plus ou moins approfondies qui ont été faites de cet enfant, et de tous les indices et présomptions qui auroient pu se montrer en sa faveur.

Ils ont été trop vite en le proclamant, sur ces premières notions, fils des sieur et dame Solar, en remplissant le public de ce préjugé par la voie des journaux, et en faisant vendre à Paris, chez tous les marchands de gravures, le portrait de cet orphelin, souscrit du nom du *comte de Solar*, pour donner plus d'importance à cette affaire.

Il falloit attendre, si on vouloit se borner à la recherche de la famille Solar, que les informations de Toulouse, Charlas, Baguères, eussent été faites. Devant elles le prestige disparoît sans retour par les raisonnemens qui suivent :

Joseph, abandonné de ses parens, et qui se dit être Guillaume, a été, de son propre aveu, trouvé à Cuvilly le premier août 1773, et y est resté jusqu'au 2 septembre qu'il est entré à Bicêtre. Or il est incontestablement prouvé que Guillaume, pendant le mois d'août

Rapport du procès Solar.   C

1773, étoit à deux cents lieues de là, à Toulouse avec sa mère, qu'il n'a quittée qu'au commencement de septembre pour aller à Charlas, où il a passé plusieurs mois consécutifs. Donc Joseph n'est pas Guillaume.

Joseph existe ; mais il prétend être Guillaume. Or il est établi que Guillaume est mort le 28 janvier 1774 à Charlas, où il a été inhumé le 29 ; donc, encore une fois, Joseph n'est pas Guillaume.

Guillaume est le seul fils issu du mariage des sieur et dame Solar. Or il vient d'être démontré que Joseph ne peut pas être Guillaume : donc Joseph n'est pas un fruit de ce mariage.

De là sort la nécessité de réformer la sentence dont est appel, au chef où elle a déclaré Joseph fils des sieur et dame de Solar.

Quel est donc cet être infortuné sur lequel le sort semble avoir voulu réunir toutes les disgraces ?

Je croirois, Messieurs, ne vous présenter qu'un travail imparfait, si je ne vous remettois sous les yeux les nombreux renseignemens qu'une autre partie de l'instruction nous offre à cet égard. S'ils ne sont pas rigoureusement nécessaires à la solution de la question principale, ils serviront du moins à répandre des traits de lumière qui rassureront de plus en plus vos consciences sur la réforme de la sentence que je viens de proposer.

§. II.

QUESTION SECONDAIRE.

Quel est l'individu qui se présente pour réclamer le nom de Solar ?

Le premier pas à faire pour l'éclaircissement de cette question, qui va amener Alexandre en scène, est de rechercher d'où venoit Joseph, et comment il a été amené à Cuvilly.

Au mois de mai 1773, un jeune homme de quinze à seize ans se présenta dans la paroisse de Méharicourt, qui est à peu de distance de celle d'Orvilliers, laquelle touche à Cuvilly en Picardie.

Il disoit à ceux qui lui faisoient des questions, que son père avoit travaillé dans les mines à Charleroy, qu'il étoit flamand; et on lui remarqua en effet le parler flamand ou étranger.

Il étoit accompagné d'un enfant de neuf à dix ans, sourd et muet, vêtu d'une mauvaise roulière, et qu'il disoit être son frère.

Tous deux demandoient l'aumône dans la paroisse de Méharicourt, et ils furent recueillis par le sieur Blondel, chez lequel ils restèrent un certain temps.

Le sieur Blondel ayant pris la résolution de garder à son service Alexandre, et de renvoyer l'enfant sourd et muet, Alexandre se chargea de se défaire de son frère et en chercha plusieurs fois l'occasion.

Il le conduisit d'abord à Attencourt, paroisse voisine de Méharicourt, laissa dans les champs d'Attencourt cet enfant, qui coucha chez un fermier nommé Hochedé, et revint ensuite seul à Méharicourt chez le sieur Blondel.

Après cet essai, Alexandre alla l'égarer une seconde fois d'un autre côté; et à son retour chez le sieur Blondel, il dit qu'il l'avoit laissé du côté de Cuvilly : depuis ce temps l'enfant n'a plus reparu à Méharicourt.

Alors le sieur Blondel, pour attacher à lui Alexandre, le fit habiller à neuf; mais peu de temps après le jeune homme s'en alla sans rien dire, avec les habillemens qui lui avoient été donnés.

Ces faits sont attestés par nombre de témoins de l'in-

C 2

formation du 9 octobre 1780. Le sieur Blondel lui-même et ses enfans en déposent.

Ces témoins n'indiquent pas précisément l'époque à laquelle Alexandre se débarrassa de son jeune frère. Les uns ont dit que c'étoit au commencement, les autres au milieu ou à la fin d'août ; mais l'information de Montdidier, du 24 avril 1781, va nous instruire plus particulièrement sur ce point.

Tous les témoins de cette information, au nombre de treize, déposent avoir vu à Orvilliers, paroisse qui, comme il a été observé, est attenante à celle de Cuvilly, un enfant sourd et muet de neuf à dix ans, vêtu d'une mauvaise roulière, et qui, comme on le verra dans la suite, y fut amené et abandonné par un jeune pauvre de quinze à seize ans. A ces désignations il n'est personne qui ne reconnoisse l'enfant de Méharicourt, égaré par Alexandre, et que celui-ci, à son retour chez le sieur Blondel, dit avoir laissé du côté de Cuvilly.

Ces témoins se réunissent à dire que c'est à la fin de juillet 1773 qu'ils l'ont vu courir dans la paroisse d'Orvilliers. Il faut donc encore s'en tenir à cette époque et voir ce que cet enfant est devenu.

Les mêmes témoins, toujours à l'unanimité, nous apprennent qu'après avoir couché chez des laboureurs d'Orvilliers, l'enfant fut conduit à Cuvilly, où les sieur et dame le Roux le recueillirent.

Quant aux particuliers chez lesquels il avoit couché à Orvilliers, ils vont nous donner sur cela de nouveaux éclaircissemens.

Le nommé Choisi, laboureur, et sa femme, déposent que cet enfant fut amené chez eux à la fin de juillet par un jeune pauvre de quinze à seize ans qui se disoit son frère ; qu'ils leur donnèrent à souper et à coucher ; que le lendemain le jeune pauvre s'en alla abandonnant son frère, qui dans la journée alla au village s'amuser avec les enfans, et le soir coucha chez le nommé Mansard, marchand d'œufs au même lieu.

D'un autre côté, Mansard, sa femme et leur fille déclarent avoir effectivement donné à coucher au même enfant sourd et muet, toujours vêtu de la roulière, et que lui, Mansard, le conduisit lui-même le lendemain à Cuvilly, où, à ce qu'ils apprirent, il fut recueilli par les sieur et dame le Roux.

Et, aux confrontations, plusieurs témoins de Méharicourt et Orvilliers, comme ceux de Cuvilly, ont positivement reconnu Joseph pour être l'enfant sourd et muet vêtu de la roulière dont ils avoient parlé dans leurs dépositions.

Voilà donc ce Joseph que l'abbé de l'Épée vouloit faire passer pour être fils des sieur et dame Solar, et que les témoins les plus favorables à ce système (la dame Combette et ses deux enfans) disoient être parti de Toulouse au milieu ou à la fin de juillet 1773; le voilà, dis-je, dès le mois de mai précédent, errant avec Alexandre dans les paroisses de Méharicourt, Attencourt, Orvilliers, jusqu'au mois d'août, qu'il est parvenu chez les sieur et dame le Roux de Cuvilly.

C'en est trop sans doute pour bannir les incertitudes qu'auroient pu faire naître dans quelques esprits les dépositions de la dame Combette et de ses deux enfans, quoique contredites par quatorze témoins , et pour vous convaincre unanimement, Messieurs, de la nécessité d'expulser Joseph de la famille Solar, où le Châtelet l'a si mal à propos introduit.

Maintenant, remontons plus loin pour découvrir, s'il est possible, l'origine de tant d'aventures.

Les premiers avis communiqués à l'abbé de l'Épée lui avoient appris que cet orphelin étoit des Pays-Bas autrichiens, entre Liége et Namur, et une lettre du ministre , déposée au procès, lui marquoit qu'il paroissoit convenable de s'en tenir là.

Il est impossible de remarquer ici la conduite tenue par l'abbé de l'Épée dans cette affaire , sans regretter qu'il n'ait pas mieux dirigé le zèle ardent qu'il s'étoit proposé de déployer pour son élève. Les hommes à grande réputation ne sont pas plus exempts de foiblesses que les autres. La découverte de son art acquéroit une bien plus grande célébrité , en plaçant Joseph dans une famille de qualité , qu'en le faisant sortir de parens obscurs. Disons-le franchement : des apparences trompeuses , exagérées par la prévention , l'ont d'abord séduit ; l'amour de la gloire a fait le reste.

En effet , ce n'est pas sans raison qu'on a fait le reproche à l'abbé de l'Épée, dès qu'il vouloit aller plus avant, d'avoir, dans le principe , borné ses soins et ses recherches à l'éclaircissement des avis qui lui étoient venus sur le sourd et muet de Toulouse , au lieu de les étendre également à ceux qu'il avoit reçus de Picardie sur le sourd et muet qu'on lui avoit indiqué être venu des Pays-Bas autrichiens : l'intérêt de la vérité lui faisoit même un devoir de commencer ses informations par le lieu où l'enfant avoit été trouvé , et par tous ceux qu'il avoit pu parcourir auparavant.

Mais ce n'est que le 20 avril 1781 , c'est-à-dire huit ans après l'arrivée de Joseph à Paris , et quatre ans après l'introduction du procès , que , sur les réquisitions réitérées du sieur Cazaux , les informations à Valenciennes , Charleroy , Montigny-sur-Sambre , et autres lieux des Pays-Bas ont été faites.

Toutefois il en résulte qu'un nommé Pinchon de la Motte , ouvrier, demeurant en 1781 à Montigny-sur-Sambre , pays de Liége , et qui avoit demeuré précédemment à Lille , Charleroy et autres endroits , avoit eu plusieurs enfans , dont un nommé Alexandre-Joseph , et un autre nommé Pierre-Hyacinthe-Joseph , qui étoit sinon absolument sourd , du moins muet de naissance ;

Qu'en 1793, Alexandre, âgé de 14 ans, et Pierre, de neuf ans, tous deux d'une taille forte et robuste pour leur âge, partirent de Lille où leur père demeuroit alors; Pierre, lors de ce départ, étant revêtu d'un vieux sarot en forme de chemise de roulier;

Que, quelques mois après, Alexandre revint seul, et dit, à son retour, qu'il avoit perdu son frère; mais qu'il n'y avoit pas d'embarras à avoir, parce qu'il étoit à Paris;

Que même on a entendu dire à Pinchon de la Motte, qu'Alexandre lui avoit apporté un billet qui lui avoit appris le lieu où étoit l'enfant, et que, depuis ce temps, Alexandre s'est embarqué à l'Orient, d'où il est passé en Amérique.

Pinchon de la Motte lui-même dépose de ces faits, et développe les circonstances dont il avoit une connoissance parfaite.

Il déclare qu'Alexandre, auquel il demanda, à son retour, ce qu'il avoit fait de son frère, lui dit qu'il étoit à Paris, où une dame l'avoit fait placer; qu'il offrit d'aller chercher un billet pour preuve de ce qu'il avançoit; qu'en conséquence, il repartit au bout de huit jours; et, étant revenu quelque temps après, il rapporta, à lui Pinchon, un billet sans signature, qui lui apprit que son fils Pierre avoit été placé à Bicêtre de l'ordre de M. de Sartine, à la recommandation de la dame Hérault de Séchelles.

A l'égard de l'époque du départ d'Alexandre avec son jeune frère, Pinchon de la Motte, dans sa déposition, la place au mois de juillet 1775, et son retour au mois d'août; mais dans une déclaration judiciaire par lui faite le lendemain, il dit qu'ayant réfléchi la nuit sur les différentes déclarations par lui passées la veille, il s'est apperçu qu'il s'étoit trompé sur les époques; que ce fut au mois de mai 1793 qu'Alexandre partit avec son jeune frère, et au mois de septembre qu'il revint seul la première fois avec des habillemens neufs : d'où

C 4

il suit que ce ne fut qu'après cette dernière époque qu'il repartit pour aller chercher le billet que son père lui avoit demandé.

Il n'est pas inutile d'observer ici que Mansard et sa fille ont déposé que, dans l'hiver de 1773, ils virent, dans le pays (Orvilliers), un jeune homme de quinze à seize ans, qui s'informoit du sourd et muet auquel ils avoient donné à coucher l'été d'avant, et qu'il s'adressa à la fille même de Mansard; que d'ailleurs la dame le Roux et plusieurs témoins, d'après elle, déposent aussi qu'environ un mois ou six semaines après que Joseph eût été conduit à Bicêtre, un jeune homme de 15 à 16 ans vint lui demander, en propres termes, où étoit son frère sourd et muet qu'elle avoit logé chez elle; qu'elle lui dit qu'il étoit à Bicêtre; que ce jeune homme lui déclara qu'il étoit de Namur; qu'il avoit mendié son pain avec lui; que, voyant qu'il ne pouvoit pas marcher, il l'avoit abandonné; mais que son père ne vouloit pas le recevoir, et que le bourguemestre l'avoit menacé de le faire mettre en prison, s'il ne le ramenoit.

Rapprochons actuellement des faits tirés des informations des Pays-Bas, ceux que nous offrent les informations faites en Picardie.

Deux enfans de Pinchon de la Motte, l'un âgé d'environ quinze ans, l'autre de neuf à dix ans, l'ont quitté au mois de mai 1773 pour courir le pays.

Dans le même temps, on voit paroître à Méharicourt deux enfans de ce même âge, qui sont recueillis par le sieur Blondel.

Le plus âgé de ces deux enfans de Pinchon se nommoit Alexandre; le plus jeune est indiqué pour être sourd et muet, ou tout au moins muet de naissance.

A Méharicourt, le plus âgé se fait connoître sous le nom d'*Alexandre*, et le plus jeune est reconnu sourd et muet.

Ils étoient frères, et originaires des Pays-Bas autrichiens, entre Liége et Namur.

Alexandre présente par-tout le sourd et muet comme son frère, et dit qu'ils sont de Namur, ou du côté de Namur.

A leur départ, le plus jeune étoit couvert d'un vieux sarot en forme de chemise de roulier.

Le plus jeune des deux enfans arrivés à Méharicourt est trouvé revêtu d'une vieille roulière.

Alexandre, après plusieurs tentatives infructueuses, parvint à égarer son jeune frère dans les derniers jours de juillet 1773, et dit, à son retour, chez le sieur Blondel qui les avoit reçus à Méharicourt, qu'il l'avoit conduit et laissé du côté de Cuvilly; il est d'ailleurs constant qu'alors le muet avoit encore sur le corps la vieille chemise de roulier.

A la fin de juillet 1773, on voit en effet paroître les deux enfans à Orvilliers près Cuvilly; le nommé Choisi leur donne à coucher; le lendemain le plus grand des deux abandonne le plus jeune; celui-ci court dans le village, et le soir couche chez le nommé Mansard, qui le conduit ensuite sur le chemin de Cuvilly, où il est trouvé le premier août 1773, vêtu pareillement de la vieille roulière.

Le sieur Blondel, qui veut attacher Alexandre à son service, lui donne des habillemens neufs, et quelque temps après Alexandre les emporte en quittant la maison du sieur Blondel sans rien dire.

Alors, et dans le mois de septembre, Alexandre reparoît seul avec des habillemens neufs chez son père, qui lui demande ce qu'il a fait de son jeune frère.

Le 2 septembre, la dame Hérault-Séchelles avoit fait placer ce jeune homme sourd et muet à Paris, dans la maison de Bicêtre.

Alexandre, sur les questions de son père, répond qu'il a perdu son frère, mais qu'une dame l'a placé à Paris.

Pinchon père fait repartir Alexandre, sur l'offre qu'il lui fait d'apporter un billet pour

Et on voit reparoître à Orvilliers et à Cuvilly le jeune homme qui s'informe du sourd lui donner la preuve de ce qu'il lui disoit.

et muet, vêtu de la roulière, qu'il avoit abandonné : s'adressant à la dame Leroux, il avoue même que c'est lui qui a égaré l'enfant par elle recueilli, et que cet enfant est son frère.

Alexandre, après ses différentes recherches, de retour chez son père, lui remet le billet qu'il lui avoit promis : il est déposé au procès ; que porte-t-il ?

Qu'à la recommandation de la dame Hérault-Séchelles, le fils de Pinchon a été mis à Bicêtre par ordre de M. de Sartine.

Et quel est l'individu qui réclame au procès l'état de fils des sieur et dame Solar ?

C'est précisément celui vêtu de la roulière, trouvé à Cuvilly le premier août 1773, et conduit le 2 septembre à Bicêtre par ordre du sieur de Sartine, à la recommandation de la dame Hérault-Séchelles.

Si jamais la vérité descendoit du ciel pour se montrer aux hommes dans tout son éclat, pourroit-elle paroître sous des traits plus caractérisés ? Ah ! M. l'abbé de l'Épée, que n'existez-vous encore pour vous empresser aujourd'hui d'abjurer votre erreur, et de porter des consolations dans le sein des familles dont vous avez si malheureusement troublé le repos !

Sans doute, d'après cet enchaînement de faits incontestables, et une correspondance entre eux aussi soutenue, on ne parviendra plus à persuader à personne que Joseph soit le fils des sieur et dame Solar. Qui pourroit même se refuser à reconnoître, dès-à-présent, que Joseph n'est autre que Pierre-Hyacinthe-Joseph, fils de Matthias Pinchon de la Motte, employé dans les Pays-Bas aux travaux des mines ?

Je sais que, dans les désignations données par plusieurs témoins du fils Pinchon, il se trouve quelque différence entre lui et Joseph : eh ! que peut-on en conclure contre l'évidence des faits ci-dessus retracés ?

Quelques témoins ont dit que le fils Pinchon avoit les dents belles et bien placées ; et cependant il est constant qu'à l'Hôtel-Dieu on a arraché une surdent à Joseph, qui du reste a les dents belles.

Mais quand, depuis un certain nombre d'années, on a perdu de vue un enfant de neuf à dix ans, ne peut-on pas avoir oublié la position d'une dent qui se trouvoit hors de la ligne des autres ?

Ils se sont bornés à le désigner comme muet ; plusieurs ont même déclaré qu'il n'étoit pas sourd, quoique d'autres aient exprimé qu'il falloit crier fort haut pour lui faire détourner la tête.

Mais les uns et les autres n'ont-ils pas pris des mouvemens que le hasard a pu produire, pour des signes d'entendement ? et d'ailleurs a-t-on mesuré le degré de surdité de Joseph dans son enfance ?

Ne sait-on pas aussi que quand un enfant est muet de sa nature, on le répute également sourd, soit que la surdité accompagne toujours le muétisme, soit que l'impossibilité dans le muet de naissance de manifester son entendement par l'usage de la parole le fasse croire également sourd, quoiqu'il ne le soit que plus ou moins, ou nullement ?

Ces disparités légères, et d'ailleurs jusqu'à un certain point incertaines, ne peuvent donc pas balancer les faits positifs d'où nous avons tiré nos raisons de croire que Joseph est véritablement le fils de Pinchon de la Motte.

Sans doute encore les confrontations des témoins des Pays-Bas ne paroîtront pas favorables à cette opinion.

Dans le nombre de ces témoins, huit ne trouvent en Joseph rien qui leur rappelle le fils Pinchon, hors un qui a remarqué de la ressemblance dans les traits, et ils déclarent ne pas le reconnoître.

Cela ne doit pas paroître étonnant, sur-tout d'après

l'exemple que ce procès nous a déja offert de la fragilité de ces sortes de reconnoissances ou méconnoissances.

Il y avoit huit, dix et douze ans que ces témoins l'avoient vu à l'âge de six, sept et huit ans, mal peigné, mal vêtu, dans le plus grand état de misère, et on leur représente un jeune homme de dix-neuf ans, bien soigné et proprement couvert.

Les changemens que le temps avoit apportés dans la corporance, comme dans le développement des traits de cet individu ne devoient-ils pas être pour tous ou presque tous, un grand obstacle à leurs reconnoissances ? et l'esprit de prévention n'a-t-il pas pu agir aussi sur ces témoins, qui étoient remplis de l'idée universellement répandue que Joseph appartenoit à la famille Solar, et que le sieur Cazaux n'avoit fait pousser les informations si loin que pour se soustraire aux peines dont il étoit menacé ?

La fille de Pinchon de la Motte n'a pas reconnu davantage Joseph pour être son frère. Mais avant de le voir, elle avoit déclaré qu'elle ne savoit pas s'il lui seroit possible de le reconnoître, à cause du long espace de temps écoulé depuis son départ.

Enfin Pinchon de la Motte dit lui-même ne pas le reconnoître ; et, sans vouloir en chercher d'autres raisons, je renvoie à celles ci-dessus.

Au surplus, si Pinchon n'a pas reconnu Joseph, il n'en est pas de même de son fils aîné, chef de mineurs à Valenciennes. Les termes dont il s'est servi à la confrontation sont précieux.

Il a dit qu'il reconnoissoit dans Joseph le mouvement de la langue qu'il fait actuellement, et qu'il avoit coutume de faire étant petit ; qu'il reconnoît très-bien son nez, ses yeux, sa bouche et toute sa physionomie ; que ses dents sont bien rangées de même que lorsqu'elles ont repoussé ; qu'il reconnoît encore les jambes ; qu'enfin il reconnoît parfaitement Joseph, et le reconnoîtroit dans mille pour être son frère.

Le résultat de ces diverses confrontations n'est donc pas aussi contraire à l'opinion prémise, qu'il semble le paroître au premier aspect. Il ne rompt pas, il ne touche même nullement à cette chaîne de faits au bout de laquelle on voit dans Joseph le fils de Pinchon de la Motte, vêtu d'une mauvaise roulière, arriver au mois de mai 1773 à Méharicourt avec Alexandre son frère ; abandonné par lui du côté de Cuvilly à la fin de juillet 1773, et trouvé avec le même vêtement le premier août, à Cuvilly même, par les sieur et dame le Roux, qui le retirent chez eux, le font placer, à la recommandation de la dame Hérault-Séchelles, le 2 septembre, à Bicêtre d'où il est conduit à l'Hôtel-Dieu, et y reste jusqu'à ce que l'abbé de l'Epée vienne l'en retirer.

Et d'ailleurs le billet rapporté par Alexandre à Pinchon de la Motte, son père, qui en a fait lui-même le dépôt, n'est-il pas un monument devant lequel doivent disparoître l'incertitude des reconnoissances et l'empire des anciens préjugés répandus sur cette affaire ?

Quant à moi, d'après la combinaison que j'ai faite de toutes les circonstances qui se trouvent dans le procès, je suis dans la conviction intime que Joseph n'est véritablement autre que Pierre-Hyacinthe-Joseph, fils de Pinchon de la Motte, ouvrier aux mines.

Je consentirai néanmoins à laisser subsister le plus amplement informé, ordonné par le châtelet contre Alexandre qui est absent, pour n'être pas obligé de condamner un enfant sans l'avoir entendu, et sur-tout de prononcer en ce moment sur les rapports de Joseph avec la famille Pinchon.

Voici à cet égard le motif qui me détermine.

Joseph s'est toujours prétendu fils des sieur et dame Solar. Il a présenté sa requête en première instance pour se faire déclarer tel. Sur l'appel, il soutient encore la même thèse.

Il a méconnu tous les individus de la famille Pinchon, qui, à l'exception du fils aîné, ne l'ont pas reconnu davantage.

Pourquoi donc, quand nous n'y sommes pas provoqués, irions-nous nous hâter de l'introduire dans une famille qu'il désavoue et dont il est en partie désavoué?

Nous devons juger les procès dans l'état qu'il nous sont présentés. En déclarant que Joseph n'est point de la famille Solar, nous n'avons pas à prononcer qu'il appartient à telle ou telle autre famille, parce qu'il n'y a point de conclusions prises par lui, ni par ses parens, ni par le ministère public, dans ce sens. Le seul point à déterminer ici se borne à savoir s'il est ou non fils des sieur et dame Solar.

Or, je crois avoir établi invinciblement, dans le premier paragraphe de la discussion des preuves, la négative de cette proposition; et les développemens contenus au second paragraphe n'auront pas été inutiles, puisqu'ils ont porté les preuves à un tel degré d'évidence, que Joseph, lorsqu'il a été trouvé à Cuvilly, loin d'être venu de Toulouse, étoit constamment parti des Pays-Bas autrichiens, et que, si les erremens de la procédure avoient été dirigés de manière à le placer dans sa véritable famille, c'eût été à celle de Pinchon de la Motte, et non à celle de Solar qu'il eût fallu le rendre.

En me résumant sur les diverses questions dans la discussion desquelles je suis entré jusqu'à présent, la fin de non-recevoir sur l'appel du sieur Cazaux et les reproches préjugés, je pense donc que nous devons, sur le premier chef de la sentence dont est appel, laisser subsister le plus amplement informé ordonné contre le quidam nommé *Alexandre*; sur le second chef, déclarer seulement, sur l'appel de la demoiselle Solar, que Joseph n'est pas fils des sieur et dame de Solar, lui faire défenses d'en prendre les noms, et d'exercer les droits et actions appartenans à cette famille; sur le troisième chef, laisser subsister, telle qu'elle est, la décharge d'accusation du sieur Cazaux, vu qu'il n'y a rien à y ajouter.

Maintenant il me reste à traiter les questions des autres accusés, qui n'exigent qu'une discussion très-succincte.

§. I I I.

Discussion des questions relatives aux autres accusés.

Le sieur Durban, curé de Charlas, n'a point employé dans l'acte mortuaire du fils Solar ses noms de baptême. Il ne les savoit pas et n'a pu se les procurer lors de la confection de cet acte. Rien à lui imputer à cet égard.

Il n'a pas fait signer l'acte par des témoins. Ceux qu'il a dénommés dans son contexte ont déposé qu'ils y avoient assisté en cette qualité. C'est donc un pur oubli qui a occasionné cette irrégularité. Mais cette négligence ne pourroit passer pour criminelle, qu'autant qu'elle auroit été commise à mauvais dessein ; c'est-à-dire, en vue de faciliter la supposition de la mort du fils Solar. Or, nulle idée de supposition de ce genre ne peut exister, puisque la mort du fils Solar est établie sans le secours de l'acte mortuaire. Loin de là, si on avoit eu le dessein de favoriser la suppression d'état du fils Solar par la supposition de sa mort ; indubitament, au lieu de dresser un acte mortuaire informe, on se seroit attaché à le mettre très en règle. C'est en dire assez pour faire tomber l'accusation, et le sieur Durban doit en obtenir la décharge , sauf une injonction de se conformer aux lois sur la tenue de ses registres.

Le sieur Cadours est accusé de suggestions envers quelques témoins. Trois jeunes gens de quinze ans, Lambert, Pigni et Géronis , ont déposé de quelques exhortations de Cadours , tendantes à leur faire dire qu'ils ne reconnoissoient point Joseph pour être le fils Solar.

Aux confrontations, Lambert a persisté , en convenant néanmoins que Cadours finit par leur recommander de dire la vérité.

Ce Lambert pourroit mériter d'être poursuivi criminellement, sans la foiblesse de son âge; car Pigni et Géronis sont convenus, à leur confrontation , qu'ils n'avoient pas entendu, de la bouche de Cadours , les discours qu'ils lui avoient attribués dans leurs dépositions, et ils ont déclaré que c'étoit Lambert qui leur avoit dit d'en déposer.

Il ne reste donc plus de preuve à l'appui de l'accusation , et Cadours a également droit à la décharge. Il est mort ! Qu'importe ! Pourquoi sa mémoire resteroit-elle flétrie d'une condamnation qu'il n'a pas méritée ?

Madelene Lama , dans le commencement du procès, a dû dire , selon deux femmes qui ne s'accordent pas même parfaitement sur les expressions , qu'elle avoit bien du malheur; qu'elle seroit peut-être obligée d'aller à Paris , au sujet d'un enfant qu'on avoit fait perdre ; qu'il y auroit quelqu'un de pendu ou de rompu.

Dans ce temps, le procès actuel faisoit le plus grand bruit à Toulouse. Tous ceux qui avoient eu des relations avec la famille Solar devoient s'attendre à être appelés en témoignage. Les propos imputés à Madelene Lama ne sont dans cette circonstance qu'un commérage qui n'auroit pas dû donner lieu à une accusation.

La demoiselle Solar a varié dans ses déclarations sur Joseph. *Quid indè ?* Dans l'origine, tout le monde lui disoit que Joseph étoit son frère ; elle le croyoit sur la foi d'autrui : mais comme elle ne le reconnoissoit pas par elle-même, en justice elle devoit dire qu'elle ne le reconnoissoit pas pour être son frère. Elle l'a dit. Rien de répréhensible en cela.

Cazaux père et Terrade ont été amenés dans le procès ; on voit bien comment, mais on ne sait pas pourquoi. Ces accusés doivent donc, comme les autres, être déliés d'accusation.

Me voici parvenu à la fin de mon rapport. Il m'a coûté trois mois de travail, tant à faire l'extrait d'environ six mille rôles d'écritures, qu'à rapprocher, classer et combiner les élémens de toute espèce qui s'y rencontrent. Je crois n'avoir omis aucune circonstance essentielle. Si cependant, contre mon gré, il m'en étoit échappé quelqu'une, les notes que vous avez prises, Messieurs, pendant la lecture des pièces, vous mettent en état de les relever ; et l'étude lente et réfléchie que j'ai faite de l'affaire me laisse la facilité de vous donner toutes les explications nécessaires.

Le projet de jugement que je vais vous soumettre ne sera point motivé sur des signes incertains, des indices trompeurs, des reconnoissances hasardées, mais sur des faits positifs, qui heureusement ne permettent aucune aberration.

Quelque force néanmoins qu'il soit en mon pouvoir de donner aux motifs, en les appuyant des preuves qui résultent des informations des Pays-Bas autrichiens, je ne les emploirai point, parce que n'ayant pas à prononcer en ce moment sur la famille Pinchon, ni sur Alexandre qui est sous un plus ample informé ; il me paroît convenable de laisser les choses entières, et de ne rien préjuger en ce point. Je circonscrirai donc les motifs dans les preuves qui établissent irrésistiblement l'alibi de Guillaume, lorsque Joseph a été trouvé à Cuvilly par les sieur et dame le Roux, et sa mort survenue l'hiver suivant.

Voici le projet de jugement (1),

Le tribunal, etc. · · ·

Considérant que le sieur Cazaux n'a fondé son appel que sur ce que Joseph a été déclaré fils des sieur et dame Solar : disposition qui ne peut faire grief qu'à la demoiselle Solar; et que le sieur Cazaux, qui a été complétement déchargé d'accusation, n'a ni qualité, ni intérêt à contester :

Considérant, sur les reproches, que ceux proposés contre la femme Cazaux, le sieur Ducasse, la veuve Daris, la dame Combette et ses deux enfans, ne reposent que sur des faits vagues et insignifians;

Qu'au contraire le reproche contre l'individu connu au procès sous le nom de *Joseph* est fondé en droit : 1°. sur son état de sourd et muet, qui ne lui a pas permis d'entendre par lui-même la lecture des actes qui étoient la base de l'instruction, ni de rendre un compte personnel des faits qui pouvoient être à sa connoissance; 2°. sur ce que, quoique lors de sa déposition il ne fût pas ostensiblement partie au procès, il y avoit néanmoins l'intérêt le plus sensible, intérêt qu'il a manifesté ouvertement depuis en se faisant recevoir partie intervenante:

Considérant au fond, qu'il est clairement établi au procès, que l'individu sourd et muet connu sous le nom de *Joseph* a été trouvé sur la grande route de Péronne à Paris, au village de Cuvilly, en Picardie, le premier août 1773;

_____

(1) Le sieur Cazaux a déclaré, à l'audience, abandonner le moyen d'appel relatif aux reproches des témoins.

Qu'à cette époque , il fut recueilli par le sieur le Roux , receveur des aides à Cuvilly, et par la dame son épouse, chez lesquels il est resté jusqu'au 2 septembre suivant ;

Que, le 2 de ce même mois, il est entré, par ordre du sieur de Sartine, dans la maison de Bicêtre à Paris, où il a résidé, tant dans cette maison qu'en celle de l'Hôtel-Dieu, plus de vingt mois consécutifs.

Qu'au contraire Guillaume-Jean-Joseph , aussi sourd et muet, seul fils, né à Clermont en Beauvoisis, du mariage des sieur et dame Solar , le premier novembre 1762 , ayant quitté le séjour de la Granerie, près Alby, a habité la ville de Toulouse avec sa mère et Caroline sa sœur, jusqu'au commencement de septembre 1773 ;

Que dans les premiers jours de ce mois, sa mère le confia au sieur Cazaux pour le conduire à Charlas, et de là aux eaux de Bagnères, où il a été vu dans le cours dudit mois, comme à Charlas les mois suivans, et positivement reconnu par les personnes qui l'avoient vu à Toulouse immédiatement auparavant ;

Qu'après le voyage de Bagnères et le retour de cet enfant à Charlas chez le sieur Cazaux père , dans la maison duquel il a habité assez long-temps, toujours connu sous le nom de *Solar*, il a été attaqué de la petite vérole , à la fin de l'année 1773 , est mort des suites de cette maladie, le 28 janvier suivant, et a été inhumé le lendemain 29 , dans le cimetière de la paroisse de Charlas, sous la dénomination seulement de *fils du comte de Solar*, parce qu'aucune des personnes présentes ne connoisscient ses noms de baptême ;

Qu'ainsi ce n'est que par une funeste erreur qu'en élevant des doutes sur la mort de cet enfant , on a présumé que l'individu Joseph pouvoit être Guillaume , fils des sieur et dame Solar, et que le sieur Cazaux fils a été accusé de l'exposition et suppression d'état de cet enfant ; et , par suite de la même erreur, que les premiers juges, en déchargeant le sieur Cazaux d'accusation, ont néanmoins donné à Joseph une qualité que l'évidence des preuves lui refuse ;

Considérant, sur les autres accusations, que, par rapport au sieur Durban, curé de Charlas, on ne voit que des omissions et négligences, sans dessein criminel, dans la rédaction de l'acte mortuaire de Guillaume, fils Solar, et que dès-lors il doit être déchargé d'accusation, en lui enjoignant de se conformer aux lois existantes sur la tenue des registres de baptêmes, mariages, sépultures ;

Qu'en ce qui concerne Jean-Marc Cadours, accusé de prétendus faits de suggestion envers quelques témoins, il n'y a pas de preuve à l'appui de l'accusation ;

Et qu'en ce qui touche la demoiselle Solar et autres accusés (abstraction faite du quidam, nommé Alexandre, à l'égard duquel il n'est entendu rien préjuger), il n'existe pas au procès le moindre indice du plus léger délit :

Déclare Jean François-Hippolyte Cazaux non-recevable dans l'appel par lui interjeté de la sentence du châtelet de Paris, du 28 juin 1781 ;

Reçoit Caroline Solar, Jean-Baptiste-François Durban, et Jean-Marc Cadours, appelans de ladite sentence ;

Dit qu'il a été mal jugé, quant aux chefs concernant lesdits accusés et l'individu connu au procès sous le nom de *Joseph :* émendant et ayant égard sur les conclusions du ministère public au reproche proposé contre ledit Joseph, premier témoin de l'information faite à Paris le 23 juillet 1778, a ordonné que sa déposition soit rejetée et non lue aux termes de l'ordonnance ; et, sans s'arrêter aux reproches fournis contre les 7 et 10e témoins de l'information de Toulouse du 13 mai

1778 , et encore contre les 5o , 52 et 54ᵉ témoins , d'autre information de Toulouse , du 20 octobre 1779 , et contre le 16ᵉ de l'information faite en la même ville , le 3o septembre précédent , lesquels sont déclarés non pertinens et inadmissibles :

Faisant droit sur les appellations , fins et conclusions des parties ,

Déclare que l'enfant sourd et muet , mort des suites de la petite vérole , chez Cazaux père , à Charlas , le 28 janvier 1774 , et inhumé le lendemain dans le cimetière de la paroisse dudit lieu , étoit véritablement Guillaume-Jean-Joseph sourd et muet , fils unique de Vincent-Joseph de la Fontaine-Solar , et de Jeanne - Pauline-Antoinette Clignet son épouse , lequel étoit né à Clermont le premier novembre 1762 :

En conséquence , ordonne qu'énonciation des noms dudit enfant et de ses père et mère , et que mention par extrait du présent jugement , seront faites par le greffier du tribunal sur le registre joint au procès , lequel registre sera remis ensuite dans les archives de la paroisse de Charlas , et en outre sur le double registre étant au greffe de la sénéchaussée de Toulouse , par le greffier dépositaire actuel.

Décharge Caroline Solar de l'accusation contre elle intentée ; fait défenses à l'individu nommé *Joseph* de se dire et qualifier fils des sieur et dame Solar , et de prendre les noms , et exercer les droits et actions appartenant à cette famille.

Décharge pareillement Jean-Marc Cadours et Jean-Baptiste - François Durban , curé de Charlas , d'accusation ; et cependant enjoint audit Durban de se conformer aux lois existantes sur la tenue des registres de baptêmes , mariages et sépultures de sa paroisse.

Faisant droit sur l'intervention de l'individu nommé *Joseph* , l'évince des fins et conclusions par lui prises en sa requête et sur les autres demandes des parties, les renvoie hors procès.

Ordonne qu'au résidu, la sentence dont est appel sortira son plein et entier effet.

Ordonne en outre qu'à la diligence du ministère public le présent jugement sera exécuté, imprimé et affiché en cette ville de Paris, et par-tout où besoin sera, et autorise Caroline Solar de le faire imprimer et afficher de sa part par - tout où elle jugera convenable.

Signé, EUDE, *rapporteur*.

Jugement conforme, rendu en dernier ressort le 24 juillet 1792.

P. S. J'apprends à l'instant du citoyen Cazaux, arrivé à Paris le 12 du présent mois de nivose an 8, que depuis le jugement rendu en dernier ressort le 24 juillet 1792 (vieux style), le citoyen Avril, l'un des doyens des conseillers au châtelet, qui avoit conçu de l'estime et de l'amitié pour le citoyen Cazaux, lui a fait donation de tous ses biens, pour le dédommager du tort involontaire que sa compagnie lui avoit fait éprouver. Cette donation, qui se monte à 200,000 fr., a occasionné le mariage du citoyen Cazaux avec Caroline de Solar, sa compagne d'infortune, avec laquelle il vit aujourd'hui dans l'union la plus étroite. Le citoyen Avril est mort, il y a quelque temps : mais j'ai pensé que ce fait méritoit d'être publié, pour honorer la mémoire de ce respectable magistrat.

BAUDOUIN, Imprimeur du Tribunat et du Corps législatif, place du Carrousel, N°. 662.